DETEKTIV IM ALTEN ÄGYPTEN

DETEKTIV IM ALTEN ÄGYPTEN

TEXT VON PHILIP ARDAGH
ILLUSTRATIONEN VON COLIN KING

arsEdition

Copyright © 1998 by Macmillan Children's Books
Titel der Originalausgabe: History Detectives – Ancient Egypt
Die Originalausgabe ist bei Macmillan Publishers Ltd, London, erschienen

Text © 1998 Macmillan Children's Books
Illustrationen © 1998 Colin King
Illustration der Bordüren: Sally Taylor

Copyright © 2002 für die deutsche Ausgabe: arsEdition, München

Alle Rechte vorbehalten

Aus dem Englischen von: Cornelia Panzacchi
Redaktion: Magda-Lia Bloos
Textlektorat: Monika Blume
Satz: Media and more GmbH, München

Printed in Malaysia

ISBN 3-7607-4730-2

Die Deutsche Bibliothek – CIP-Einheitsaufnahme

Detektiv im alten Ägypten / Philip Ardagh. Mit Bildern von Colin King.
Aus dem Engl. von Cornelia Panzacchi. - München : Ars-Ed., 2002
Einheitssacht.: History detectives: Ancient Egypt <dt.>
ISBN 3-7607-4730-2

Bildquellen:
o = oben; u = unten; m = Mitte; l = links; r = rechts

1/2 Deckblatt: Werner Forman Archive (WR); Titelseite: ml, or: WR, ul: AKG London (AKG), m: Robert Harding Picture Library (RHPL); S. 7: AKG;
S. 8ur, or, 9m, u: AKG; S. 9o: E.T. Archive (ET); S. 10o: SIGMA; S. 10u, 11o: AKG; S. 11u, 13u: British Museum, London (BM); S. 13o: WF;
S. 15o: AKG; S. 15u, 17u: ET; S. 17o: BM; S. 19o, 21o: AKG; S. 19 u, 21 u, 23o & u, 25o, 27o: WF; S. 25u, 27u: AKG; S. 29o: Peter Clayton, u: BM;
S. 31o: AKG; s. 31u, S. 33o & u: WF; S. 35 o & u, S. 37 u: BM; S. 33o, S. 38 u: AKG; S. 38 o: ET; S. 39 o: UNESCO; S. 39 u, S. 40 ol/l: AKG;
S. 30ol/2: Highclere Castle, ol/3: Hulton Getty Collection, ur: Griffith Institute, Oxford; S. 41ol: RHPL, or: Giraudon; S. 42ul, 43or: BM; S. 42ur,
S. 43ur: AKG; S. 43ol: Peter Clayton, ul: RHPL

INHALT

DAS ALTE ÄGYPTEN	8
BERÜHMTE NAMEN	10
DIE PHARAONEN	12
PYRAMIDEN BAUEN	14
MUMIEN	16
LEBEN NACH DEM TOD	18
GÖTTER UND GÖTTINNEN	20
LANDHÄUSER	22
DER MARKT	24
AUF DEM NIL	26
DAS HEER	28
SPEISEN UND GETRÄNKE	30
KLEIDUNG UND SCHMUCK	32
KINDERALLTAG	34
HIEROGLYPHEN	36
DIE VERGANGENHEIT ENTDECKEN	38
DAS GRAB TUTENCHAMUNS	40
ZEITTAFEL	42
GLOSSAR	44
REGISTER	45

DAS ALTE ÄGYPTEN

Die ägyptische Zivilisation entwickelte sich entlang des Nils. Der Fluss gewährleistete die Wasserversorgung, war ein Reise- und Transportweg und ließ nach der alljährlichen Überschwemmung auf den Feldern fruchtbaren Schlamm zurück. Zunächst gab es zwei ägyptische Reiche: Oberägypten und Unterägypten. Um 3000 v. Chr. vereinigten sich die beiden Reiche unter einem Herrscher namens Menes. Von da an bis 30 v. Chr. war Ägypten eines der reichsten und mächtigsten Länder der Welt.

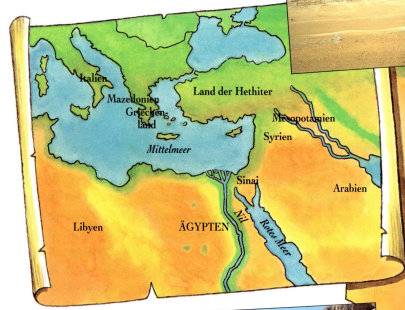

3000 JAHRE GESCHICHTE

Die Historiker teilten die Geschichte Ägyptens in verschiedene Epochen ein. Ägypten wurde die ganze Zeit über von Königen, Königinnen und Pharaonen regiert. Im Jahre 30 v. Chr. wurde Ägypten dem Römischen Reich unterworfen.

DIE EPOCHEN ALTÄGYPTISCHER GESCHICHTE		
Frühzeit	um 3100 v. Chr.	– 2649 v. Chr.
Altes Reich	um 2649 v. Chr.	– 2150 v. Chr.
Erste Zwischenzeit	um 2150 v. Chr.	– 2040 v. Chr.
Mittleres Reich	um 2040 v. Chr.	– 1640 v. Chr.
Zweite Zwischenzeit	um 1640 v. Chr.	– 1552 v. Chr.
Neues Reich	1552 v. Chr.	– 1069 v. Chr.
Dritte Zwischenzeit	1069 v. Chr.	– 664 v. Chr.
Spätzeit	664 v. Chr.	– 332 v. Chr.
Makedonische Könige	332 v. Chr.	– 305 v. Chr.
Ptolemäer	305 v. Chr.	– 30 v. Chr.

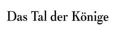

Das Tal der Könige

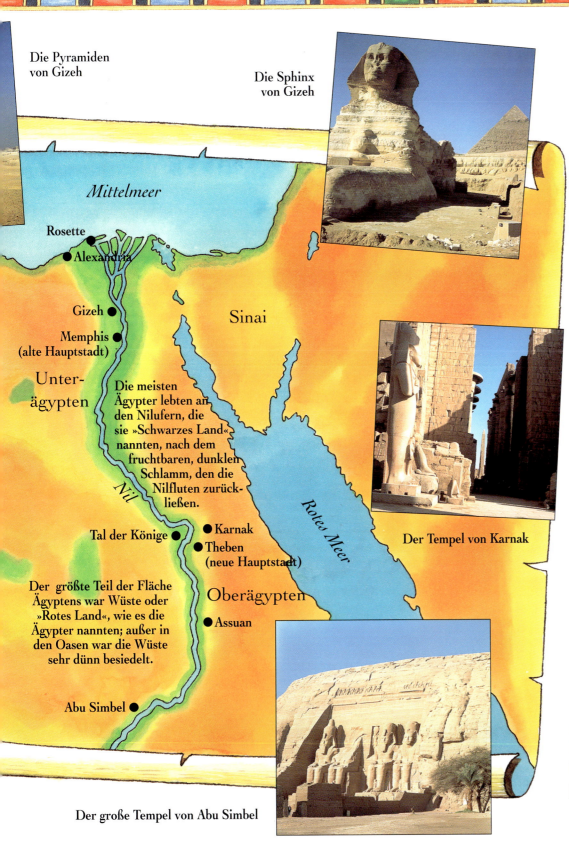

Die Pyramiden von Gizeh

Die Sphinx von Gizeh

Der Tempel von Karnak

Der große Tempel von Abu Simbel

WANDEL DER ZEITEN

Die Ägypter des Alten Reichs glaubten, nur die Könige könnten nach dem Tod ins Jenseits gelangen, weil sie Götter waren. In dieser Epoche entstanden die ersten Pyramiden als Königsgräber, u. a. auch die von Gizeh.

Im Mittleren Reich wurde die Verwaltung des Reichs verbessert, der Handel mit anderen Ländern nahm zu und neue Gesetze wurden erlassen. Die Ägypter dieser Epoche glaubten, dass jeder nach dem Tod ins Jenseits gelangen konnte, vorausgesetzt seine Leiche war auf die richtige Weise präpariert worden und der Gott Osiris hielt ihn für würdig.

Im Neuen Reich wurden die Herrscher Pharaonen genannt. Sie wurden nicht in Pyramiden, sondern in Gräbern beigesetzt, die in die Felswände des so genannten Tals der Könige gehauen wurden. Der heute sehr bekannte Pharao Tutenchamun lebte in dieser Epoche.

ENTDECKUNGEN

Die Leiche von Ramses II. blieb bis heute erhalten. Dies ist das Verdienst der alten Ägypter, die sie einbalsamierten, und der französischen Wissenschaftler, die einen Pilz abtöten konnten, der die Mumie in den späten 1970ern zu vernichten drohte. Die Mumie ist im Museum von Kairo ausgestellt.

Ramses II. ließ von sich zahlreiche Statuen anfertigen. Das Foto zeigt den Kopf einer von vier riesigen Figuren an der Fassade des Großen Tempels von Abu Simbel.

BERÜHMTE NAMEN

Für uns heute ist der Name des jung gestorbenen Tutenchamuns – der vor 3000 Jahren herrschte – mit der bekannteste ägyptische Name, aber nur wegen der unermesslich kostbaren Schätze, die im frühen 20. Jh. in seinem Grab gefunden wurden, und nicht etwa wegen seines Wirkens im alten Ägypten.

RAMSES, KRIEGER UND KÖNIG

Ramses II. war zu Lebzeiten sehr berühmt. Er kam im 13. Jh. v. Chr. auf den Thron, 48 Jahre nach dem Tod Tutenchamuns. Ramses II. regierte 67 Jahre über Ägypten und wurde 90 Jahre alt. Er hatte viele Frauen und vermutlich mehr als 200 Kinder; seine zwölf ältesten Söhne überlebte er.
Ramses ordnete nicht nur den Bau zahlreicher Tempel an, sondern tat sich auch als Krieger hervor. Seine berühmteste Schlacht war die um die Stadt Kadesch. Ramses, der überlistet wurde und dessen Armee zahlenmäßig unterlegen war, konnte die Hethiter hinhalten, während er auf Verstärkung wartete. Nachdem Hilfe gekommen war, siegte seine Armee. Später sorgte Ramses dafür, dass er in der offiziellen Version der Geschichte, die in Tempelwände graviert wurde, ohne fremde Hilfe gesiegt hatte.

ALEXANDER, DER GROSSE EROBERER

Ein weiterer Herrscher über Ägypten, der schon zu Lebzeiten legendär war, war Alexander der Große. Er stammte aus einem Land, das Mazedonien hieß, und eroberte Ägypten im Jahre 332 v. Chr., als die Perser Ägypten regierten. Alexander befreite Ägypten von persischer Herrschaft und die Ägypter ernannten ihn zum Dank dafür zum Pharao. Alexander seinerseits achtete die ägyptische Kultur. Er gründete die Stadt Alexandria und gab ihr seinen Namen.

KLEOPATRA, DIE LETZTE KÖNIGIN

Nach dem Tod Alexanders herrschte Ptolemäus, einer seiner Generäle, über Ägypten. Er und seine Nachfahren regierten Ägypten in den nächsten 275 Jahren, bis die Römer Ägypten 30 v. Chr. eroberten.
Die letzte Herrscherin aus dem Ptolemäer-Geschlecht war Kleopatra VII. Als sie 50 v. Chr. gemeinsam mit einem ihrer Brüder an die Macht kam, hatte Ägypten schon Teile seines Territoriums an Nachbarstaaten abgeben müssen und viel von seiner Größe eingebüßt. Der römische Staatsmann Julius Cäsar verliebte sich in Kleopatra und sie versuchte den Einfluss, den sie auf ihn hatte, für ihre Ziele zu nutzen. Zu dieser Zeit war Rom der mächtigste Staat der Welt.
Doch Cäsar wurde 44 v. Chr. ermordet. Kleopatra heiratete Cäsars Freund Marcus Antonius. Einige Zeit nach der Schlacht von Aktium, bei der die Ägypter von Cäsars Stiefsohn Oktavian geschlagen worden waren, begingen Kleopatra und Marcus Antonius Selbstmord.
Mit Kleopatra endete die Herrschaft der Pharaonen und Ägypten wurde Teil des Römischen Reichs.

WOHER WIR ES WISSEN

Historiker und Archäologen (Leute, die Dinge aus der Vergangenheit ausgraben und studieren) haben aus den alten ägyptischen Malereien und Schriften und durch erhalten gebliebene Gegenstände viel über das alte Ägypten erfahren. Unter der Überschrift »Entdeckungen« stellen wir einige der Gebäude, Statuen, Modelle und Malereien vor, die von Geschichte und Alltag dieser sehr alten Kultur erzählen.

ENTDECKUNGEN

Auf dem Mosaik ist Alexander der Große auf seinem Pferd als kühner Feldherr in der Schlacht dargestellt.

In diese Münze ist ein Porträt Kleopatras VII. eingeprägt. Ptolemäus I., einer der Generäle Alexanders des Großen, führte in Ägypten Münzen aus Gold, Silber und Bronze ein.

DIE PHARAONEN

Die Pharaonen waren die Könige Ägyptens. Sie waren reich und mächtig. Das gesamte Land und alles, was darauf war – auch seine Bewohner – war Eigentum des Pharaos. Nach dem Mythos war der erste Pharao Re, der Sonnengott. Alle anderen Herrscher Ägyptens galten als seine Nachkommen; folglich waren sie ebenfalls Götter.

Ein Pharao konnte mehrere Frauen haben, aber nur eine von ihnen war Königin. Die meisten Pharaonen waren Männer, aber es gab auch Frauen unter ihnen, u.a. Hatschepsut, die sich selbst »König« nannte.

Der Pharao und die Königin wohnten bedeutenden Ereignissen bei, z.B. der Fertigstellung eines Obelisken.

Pharaonen trugen verschiedene Kronen. Dies war die doppelte Krone von Ober- und Unterägypten; sie sollte zeigen, dass ihr Träger über das gesamte Ägypten herrschte.

Für Auftritte des Pharaos außerhalb des Palasts wurde häufig eine Plattform mit einem Sonnendach aufgestellt. Nach dem Besuch des Pharaos baute man sie wieder ab.

Die Königin wurde oft in einer Sänfte umhergetragen, während der Pharao gewöhnlich in seinem Wagen reiste.

Um den Pharao zu schützen, begleitete ihn eine eigene Garde überallhin.

Schreiber hielten bedeutende Ereignisse auf Papyrus fest.

Bei großen Anlässen waren auch Hohepriester anwesend.

Obelisken waren hohe, spitz zulaufende Säulen, die zu Ehren der Götter aus Stein gehauen wurden. In die Seiten war der Name des Pharaos eingraviert, der in der Zeit ihrer Entstehung regierte.

Ein Pharao hatte viele Diener.

Fächer wurden aus gefärbten Straußenfedern hergestellt.

Vor dem Pharao musste sich jeder auf den Boden knien; viele küssten sogar den Boden.

Architekt

Obelisken wurden aus einem einzigen Stein gehauen; dazu brauchte man viele Jahre. Sie wurden auf Booten über den Nil transportiert und an Land zu ihrem Bestimmungsort geschleift. Jeder Obelisk wog mehrere Tonnen.

ENTDECKUNGEN

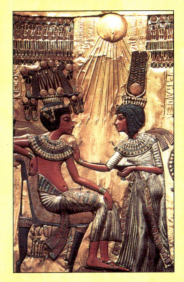

Diese Darstellung des Pharaos Tutenchamun und der Königin Akhesenamun ist aus Gold, in das bunte Glasstücke eingelegt wurden. Die Sonnenstrahlen, die sich auf das Königspaar ergießen, stellen die Macht des Sonnengottes Re dar. Die Königin trägt eine Krone aus Straußenfedern. Das Bild zierte die Rückseite eines Throns, der im Grab des Pharaos gefunden wurde.

Dieses Zeichen wurde Ankh genannt und durfte nur von Pharaonen und Königinnen getragen werden, sowie – auf Abbildungen und bei Statuen – von Göttern und Göttinnen. Es war das Symbol des Lebens. Die alten Ägypter glaubten, dass der, der es hielt, Macht über Leben und Tod anderer Menschen habe.

PYRAMIDEN BAUEN

Pyramiden wurden vor etwa 5000 Jahren als Grabstätten der ägyptischen Könige errichtet. Viele von ihnen stehen noch heute, darunter auch die Große Pyramide von Gizeh; sie ist immer noch das größte Steingebäude der Welt. Sie besteht aus über zwei Millionen einzelner Steinblöcke und ist 146 m hoch. Wissenschaftler nehmen an, dass die Form der Pyramiden an die Strahlen der Sonne erinnern sollte.

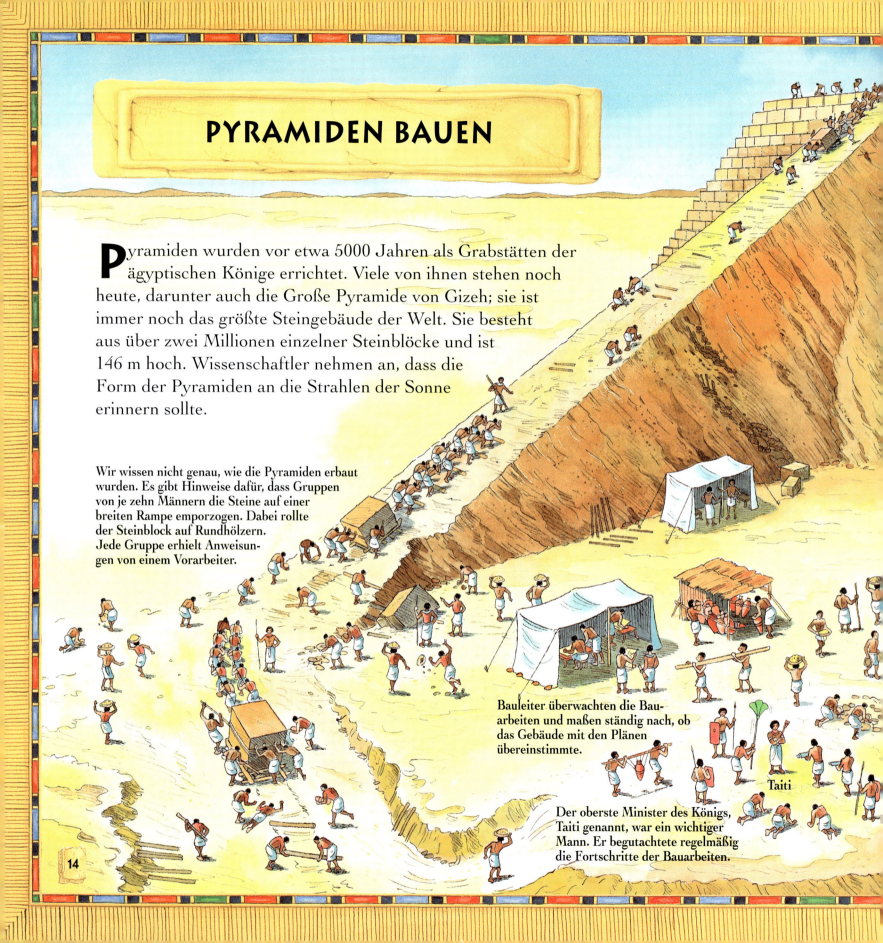

Wir wissen nicht genau, wie die Pyramiden erbaut wurden. Es gibt Hinweise dafür, dass Gruppen von je zehn Männern die Steine auf einer breiten Rampe emporzogen. Dabei rollte der Steinblock auf Rundhölzern. Jede Gruppe erhielt Anweisungen von einem Vorarbeiter.

Bauleiter überwachten die Bauarbeiten und maßen ständig nach, ob das Gebäude mit den Plänen übereinstimmte.

Taiti

Der oberste Minister des Königs, Taiti genannt, war ein wichtiger Mann. Er begutachtete regelmäßig die Fortschritte der Bauarbeiten.

Die Könige wurden zusammen mit kostbaren Schätzen begraben, die ihnen das Leben im Jenseits angenehm machen sollten. Erst nach der Fertigstellung der Pyramide und dem Tod des Königs brachte man den Schatz in die Kammer.

Kammer des Königs

Kammer der Königin

Falsche Kammer

Die Steine wurden mit Booten auf dem Nil befördert und von Steinmetzen so behauen, dass sie die erforderliche Form annahmen.

meisten Arbeiter n Bauern. Wenn Nil ihre Felder überemmte, arbeiteten n den Pyramiden.

ENTDECKUNGEN

Um 2530 v. Chr. wurde die Große Pyramide von Gizeh für einen König namens Cheops erbaut. Reste der glatten Kalksteinabdeckung, die ursprünglich die gesamte Pyramide überzog, sind an der Spitze noch sichtbar. Heute sind alle ägyptischen Pyramiden leer. Alle Pyramiden wurden innerhalb der ersten tausend Jahre ihres Bestehens geplündert.

Diese mit Gold überzogene Maske einer Frau von hohem Rang wurde im Tal der Könige gefunden. Hier wurden die späteren Pharaonen und ihre Familien in Felsengräbern beigesetzt. Die Ägypter glaubten, dass die Schätze nicht so leicht gestohlen werden konnten.

MUMIEN

Die Leichen von Königen und ihren Angehörigen, von hohen Beamten und reichen Leuten wurden nach ihrem Tod einbalsamiert. Auf diese Weise wollten die alten Ägypter ihre Körper für ein Leben im Jenseits konservieren.

Die Leichen wurden zum Einbalsamieren in eine Wabet genannte Werkstatt gebracht. Hier wurden die inneren Organe entfernt, die in besonderen, Kanopen genannten versiegelten Urnen aufbewahrt wurden. Die Leichen wurden mit Sägespänen, Salzen und Kräutern gefüllt, mit Natron behandelt und in Leinenbänder gewickelt. Diese Einbalsamierung war so hervorragend, dass viele Mumien bis heute erhalten geblieben sind.

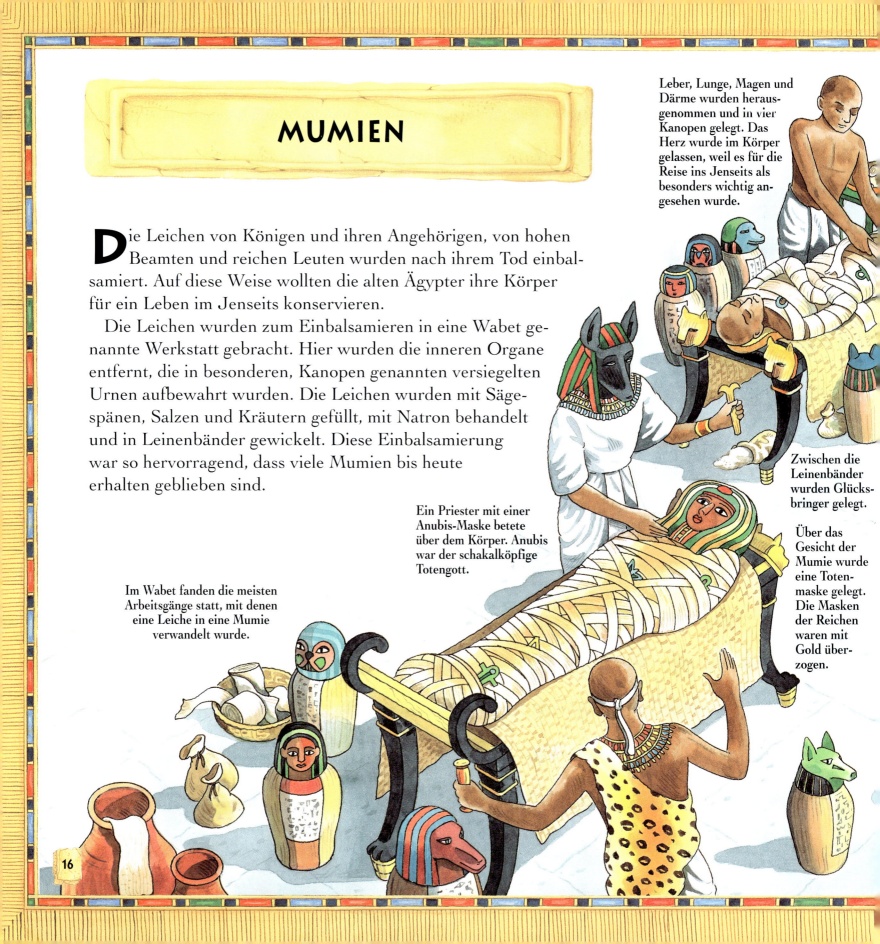

Leber, Lunge, Magen und Därme wurden herausgenommen und in vier Kanopen gelegt. Das Herz wurde im Körper gelassen, weil es für die Reise ins Jenseits als besonders wichtig angesehen wurde.

Zwischen die Leinenbänder wurden Glücksbringer gelegt.

Über das Gesicht der Mumie wurde eine Totenmaske gelegt. Die Masken der Reichen waren mit Gold überzogen.

Ein Priester mit einer Anubis-Maske betete über dem Körper. Anubis war der schakalköpfige Totengott.

Im Wabet fanden die meisten Arbeitsgänge statt, mit denen eine Leiche in eine Mumie verwandelt wurde.

Die Leiche wurde sodann mit Sägespänen, wohlriechenden Kräutern und Natron, einem Salz, gefüllt.

Die Leiche war von einer Schicht Bandagen, einer Totenmaske, einem inneren und einem äußeren Sarg umgeben.

Damit der Verstorbene im Jenseits wiedererkannt wurde, malte man sein Gesicht auf den Sarg. Die Mumie wurde mit ihrem Holzsarg in einen Sarkophag genannten Steinsarg gelegt.

Bevor die Leiche in Bandagen gewickelt wurde, ruhte sie einige Zeit lang in Natron. Das Salz entzog Flüssigkeit und verhinderte dadurch Fäulnis.

Die in den Pyramiden gefundenen Särge sind die ältesten; sie sind wesentlich schlichter und aus Holz.

ENTDECKUNGEN

Im alten Ägypten wurden nicht nur Menschen mumifiziert, sondern auch Tiere. Am häufigsten wurden vermutlich Katzen einbalsamiert. Katzen galten als heilige Tiere und wurden geliebt und geachtet.

Es wurden auch Mumien von Hunden, Pavianen und sogar Krokodilen gefunden. Im Laufe der Jahre stieß man auf Millionen von einbalsamierten Tieren.

Amulette (Glücksbringer) wie dieses, das den Gott Horus in Gestalt eines Falken darstellt, wurden häufig zwischen die Leinenbänder einer Mumie gelegt. Die alten Ägypter glaubten, die Amulette würden dem Verstorbenen auf seiner Reise ins Jenseits Glück bringen.

LEBEN NACH DEM TOD

Die alten Ägypter bezeichneten das Leben nach dem Tod als »Nächste Welt« oder »Reich des Westens«. Sie glaubten, ein Toter müsse eine Reihe von Prüfungen bestehen, um dorthin zu gelangen. Viele Menschen wurden zusammen mit Schriftrollen bestattet, dem Totenbuch. Es war so etwas wie ein Reiseführer für den Weg in die vom Gott Osiris beherrschte Nächste Welt. Am Ziel der Reise wurde das Herz des Toten gegen die Feder der Wahrheit aufgewogen. Wenn Feder und Herz das gleiche Gewicht hatten, durfte der Verstorbene in die Nächste Welt; wenn nicht, bekam ein Ungeheuer das Herz zu fressen und der Tote konnte nicht ins Jenseits eingehen.

Alle Dinge, die der tote Pharao im Jenseits benötigen könnte, wurden in einer großen Prozession zusammen mit dem Sarg zur Begräbnisstätte gebracht. Man stellte sich vor, das Jenseits sei so ähnlich wie Ägypten, nur viel schöner.

Die Kanopen wurden in großen goldenen Kästen befördert.

Bezahlte Klagefrauen weinten und klagten bei Bestattungen. Je wichtiger und wohlhabender die verstorbene Person zu Lebzeiten war, desto mehr Klagefrauen wurden engagiert.

Ein hoher Priester verbrannte Weihrauch. Der Rauch sollte die Gebete zu den Göttern empor tragen.

Auf die Seiten der Boote wurde zum Schutz vor dem Bösen das Udjat-Auge gemalt.

Die Pharaonen des Neuen Reichs wurden in den Felsengräbern des Tals der Könige beigesetzt.

Möbel für die Nächste Welt

Die Pharaonen wurden mit ihren Wagen beigesetzt.

Große Barken wurden von 20 Männern gerudert und von einem Mann mittels eines großen Ruders gesteuert.

Der Sarkophag ruhte unter einem Baldachin.

Bestattungsbarken wie diese brachten die Mumien von Pharaonen und Königinnen auf dem Nil zu ihren Gräbern.

ENTDECKUNGEN

Im Jenseitsgericht unter dem Vorsitz des Osiris wird das Herz eines Verstorbenen gegen die Feder der Wahrheit aufgewogen. Wenn der Tote gelogen und sich als besser dargestellt hat, als er im Leben war, wird sein Herz schwer wiegen und er wird seine letzte Prüfung nicht bestehen. Das Ungeheuer Ammut (rechts sitzend) wird sein Herz fressen und der Tote wird ein Verdammter sein.

Das Udjat-Auge sollte ein Symbol sowohl des Sonnengottes Re als auch ein Auge des Gottes Horus sein. Seth soll Horus ein Auge herausgerissen haben, das später wieder eingesetzt, aber nicht ganz wiederhergestellt werden konnte. Die alten Ägypter glaubten, das »heilige Auge« beschütze alles in seiner Umgebung. Dieses Schmuckstück, das einem Pharao mit ins Grab gegeben wurde, stellt ein Udjat-Auge dar.

GÖTTER UND GÖTTINNEN

Die alten Ägypter glaubten an Hunderte von Göttern und Göttinnen, von denen jeder und jede für einen bestimmten Bereich des Lebens zuständig war, z.B. für Wasser, für Kinder oder für die Rechtsprechung. Manche Götter wurden an kleinen Schreinen verehrt, anderen erbaute man große Tempel.

Während des Neuen Reichs entstanden zahlreiche beeindruckende Tempel. An den heiligen Stätten ging es sehr lebhaft zu; oft gab es hier auch Werkstätten, Schulen und Bibliotheken. Im innersten Heiligtum aber durften nur die Priester und manchmal die Könige Zeremonien abhalten. Die meisten einfachen Leute sahen nur bei religiösen Prozessionen vor den Tempeln zu.

Der Gott mit dem Schakalkopf war Anubis, Gott der Mumifizierung und der Toten.

Der Zwerg Bes war ein sehr beliebter Gott. Er wachte über die Häuser und die Kinder der Ägypter und war zu Scherzen aufgelegt.

Tempeleingang

Die löwenköpfige Göttin Sekhmet war die Göttin der Mutterschaft und der tödlichen Kräfte der Sonne.

Der Wassergott Sobek hatte den Kopf eines Krokodils. Im Nil lebten viele Krokodile.

Zu vielen Tempeln führten Sphinxalleen. Eine Sphinx ist ein mythisches Wesen mit dem Körper eines Löwen und dem Kopf eines Menschen oder Widders.

Re, der Sonnengott mit dem Falkenkopf, erschuf die Welt. Als er einmal weinte, wurden seine Tränen zu einem Bienenschwarm.

Amun-Re war der oberste der Götter. »Amun« bedeutet verborgen. Er besaß viele geheime Kräfte.

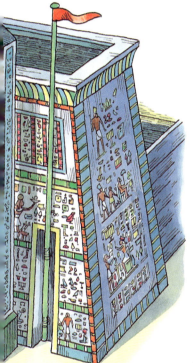

Die Namen der Könige und Schriften über Re wurden in die Obelisken eingemeißelt.

Der Gott Khnum hatte einen Widderkopf. An seiner Töpferscheibe formte er aus Ton Menschen.

Die geflügelte Göttin Ma'at war zuständig für Wahrheit und Gerechtigkeit.

ENTDECKUNGEN

Diese Bronzestatue der Katzengöttin Bast ist mehr als 2500 Jahre alt. Anders als andere Göttinnen und Götter, die mit einem menschlichen Körper und einem Tierkopf dargestellt wurden, wurde Bast immer als Katze abgebildet. Sie stellte die heilenden Kräfte der Sonne dar, die die Ernte reifen lässt.

Der Herrscher über die Nächste Welt war Osiris, hier auf einer Wandmalerei abgebildet. Er herrschte über die Toten. Sein Reich stellte man sich ähnlich wie Ägypten, doch viel schöner vor.

LANDHÄUSER

Wohlhabende Ägypter lebten in Landhäusern wie diesem. Sie wurden aus Lehmziegeln gebaut; die Wände waren mit Gips verputzt. Innen waren die Räume bunt gestrichen. Die schmalen Fenster ließen nur wenig Sonnenlicht ein; dadurch blieb das Haus kühl. Die weiß gestrichenen Außenwände reflektierten die Sonnenhitze und verhinderten deren Erwärmung.

Im Hauptsaal wurden aufwendige Gastmähler veranstaltet.

Einziger Zugang zum Anwesen war das Torhaus; so konnte der Wächter kontrollieren, wer ein- und ausging.

In der Mitte des Gartens befand sich häufig ein Fischteich.

Pferde und Wagen waren in Ställen untergebracht.

Jedes Landhaus musste einen Brunnen haben.

Zum Beten suchten die Familienmitglieder die Schreine auf.

Die Küchen befanden sich in einiger Entfernung zum Wohnhaus.

Getreide musste vor Schädlingen geschützt werden.

Brot wurde im Freien gebacken.

ENTDECKUNGEN

Nur sehr reiche Ägypter besaßen Möbel wie diesen Sessel aus Kupfer und Holz mit Goldeinlagen. Der Sessel wurde vor über 4000 Jahren mit in das Grab einer Königin gestellt. Ob arm oder reich – die meisten Ägypter saßen auf Hockern.

Dieses Wandgemälde zeigt Festgäste, die auf dem Kopf parfümierte Fettkegel tragen. Die alten Ägypter trugen derartige Kegel häufig, besonders bei Feierlichkeiten. Wenn die Kegel in der Wärme zu schmelzen begannen, rann ihnen das parfümierte Fett über die Gesichter; das hielt kühl und roch gut!

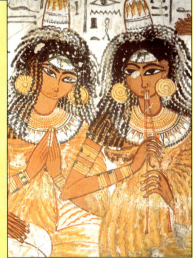

23

DER MARKT

Das alte Ägypten war das reichste Land der Alten Welt. Ein Teil seines Goldes wurde für Waren aus Nubien und Syrien eingetauscht. Aus nah und fern überbrachten Menschen dem mächtigen Pharao Geschenke, sodass die Paläste angefüllt waren mit Gewürzen, Weinen und Kostbarkeiten. Einfache Stadtbewohner kauften auf dem Markt ein. Hier gab es alles, vom Obst bis zum Schmuck. Meist tauschten die Leute eigene Erzeugnisse gegen das, was sie brauchten. Geld wurde im alten Ägypten erst zu einem späten Zeitpunkt eingeführt.

Tempel

Obelisken

Durstige Einkäufer konnten sich an Erfrischungsständen ein Bier kaufen, das so dick wie Suppe war.

Viele Waren wurden auf Eselsrücken vom Land in die Stadt gebracht.

Wein wurde in langen schmalen Krügen gelagert. Die Krüge waren versiegelt.

Die Märkte befanden sich häufig am Nilufer. Das erleichterte den Booten, ihre frischen Waren zu den Marktständen zu bringen.

Gewürze und Getreide wurden in Säcke abgefüllt.

Die Medjai nutzten die Lagerräume von Tempeln als Gefängnisse für Angeklagte, die auf ihre Verhandlung warteten.

Städter nutzten ihr Hausdach häufig als zusätzlichen Raum.

Die meisten Marktstände gehörten Frauen.

Sonnendächer schützten Waren und Verkäufer vor der Sonne.

In ihren Werkstätten fertigten Handwerker verschiedene Gegenstände aus Metall und Holz, u.a. Möbel, Skulpturen und Schmuck.

Die Medjai waren eine Art Polizei. Sie fingen Verbrecher und brachten sie vor den Richter.

ENTDECKUNGEN

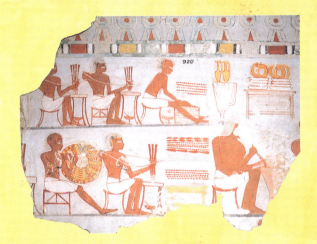

Diese Wandmalerei auf der Wand eines Grabes in Theben stellt Handwerker in einer Juwelierwerkstatt dar. Sie bohren Löcher in Perlen, polieren sie und fertigen breite Usech-Kragen an, die im alten Ägypten beliebt waren.

Erhalten gebliebene Figuren aus Holz führen uns den ägyptischen Alltag vor. Hier ein Modell von Brauern bei der Bierherstellung.

AUF DEM NIL

Die Kultur des alten Ägyptens entwickelte sich an den Ufern des Nils. Die alljährliche Überschwemmung überzog die Felder mit einer Schicht von fruchtbarem Schlamm. Der so gedüngte Boden eignete sich vorzüglich für die Landwirtschaft. Ohne den Nil wäre Ägypten nichts anderes als eine Wüste gewesen, denn es regnet hier kaum.

Jedes Jahr um den 15. Juli herum stieg der Wasserstand des Nils. Nur Dörfer auf Anhöhen blieben trocken. Ein klug angelegtes System von Deichen und Kanälen leitete das Flusswasser dorthin, wo es am meisten gebraucht wurde.

Im Frühling, am Ende der Anbausaison, brachten die Bauern die Ernte ein. Die Hälfte des Ertrags bekam der König als Steuer. Diese Lebensmittel erhielten Schreiber, Priester und Handwerker, die selbst keine Nutzpflanzen anbauten.

Wenn sich das Wasser zurückgezogen hatte, wurden in dem frischen Schlamm, der den Sand überzog, Gemüse, Weizen, Gerste und Flachs angebaut.

Grenzsteine trennten die Felder der einzelnen Bauern voneinander. Die Steine widerstanden auch der Flut.

Verschobene Steine wurden von einem Landvermesser des Pharaos an ihren Platz zurückgestellt. Bauern durften die Steine nicht bewegen.

Aus Gerste wurden Brot und Bier gemacht.

Wasser wurde mit einer Shaduf genannten Vorrichtung aus den Kanälen geschöpft. An einem Ende der Stange war ein Eimer angebracht, am anderen ein Gewicht.

Aus Flachs stellte man Leinen her.

Fähren brachten die Leute von einem Ufer zum anderen, fuhren aber nur selten weitere Strecken. Sie waren meist überfüllt.

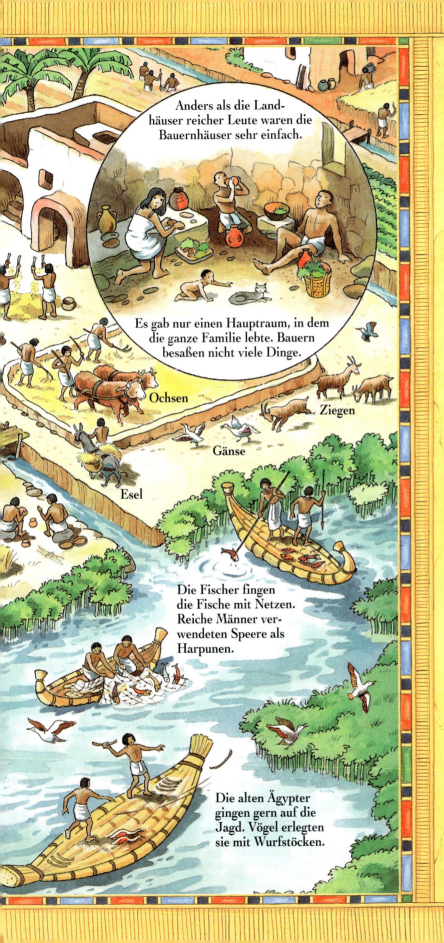

Anders als die Landhäuser reicher Leute waren die Bauernhäuser sehr einfach.

Es gab nur einen Hauptraum, in dem die ganze Familie lebte. Bauern besaßen nicht viele Dinge.

Ochsen

Ziegen

Gänse

Esel

Die Fischer fingen die Fische mit Netzen. Reiche Männer verwendeten Speere als Harpunen.

Die alten Ägypter gingen gern auf die Jagd. Vögel erlegten sie mit Wurfstöcken.

ENTDECKUNGEN

Auf dem Nil fuhren verschiedene Typen von Schiffen, kleine Boote Handelsschiffe und Bestattungsbarken. Hier steht der Kapitän vorne am Bug und der Besitzer ruht unter einem Sonnendach.

Der Mann auf diesem Wandgemälde schneidet mit einer Sichel Getreideähren. Der Griff der Sichel ist aus Holz, die Schneide besteht aus einer Reihe kleiner scharf zugeschliffener »Zähne« aus Feuerstein, einem sehr harten Gestein. Die Frau legt die Ähren in einen Korb.

DAS HEER

Über 1500 Jahre lang bestand das ägyptische Heer nur aus einer Hand voll Berufssoldaten und der kleinen Leibgarde des Königs. Bei Bedarf wurden die Männer zum Kriegsdienst aufgerufen, die meiste Zeit aber lebte Ägypten im Frieden. Im Neuen Reich jedoch mussten die Ägypter gegen Eroberer kämpfen. Dies führte zur Entstehung eines großen Heers und der Entwicklung neuer Waffen und Streitwagen. Nun verlangten die Pharaonen auch, neue Länder zu erobern. Das neue Heer war in Abteilungen von je 5000 Männern eingeteilt. Diese bestanden aus Kompanien von je 200 Fußsoldaten und 25 Streitwagen für zwei Männer.

Jede Kompanie hatte ihre eigene Standarte.

In jedem Feldla[ger] stand ein Schr[ein] des Gottes Am[un].

Ärzte begleiteten die Kompanie, um nach der Schlacht die Verletzten zu versorgen.

Ein Beamter war für den Sold zuständig. Er hielt auch alle Ereignisse des Feldzugs fest.

Der Eingang war bewacht.

Auf Feldzügen des ägyptischen Heers wurden Armeelager wie dieses aufgeschlagen. Die Soldaten stellten ihre Schilde zu Schutzmauern zusammen.

Ein Graben wurde ausgehoben, um Feinden den Angriff zu erschweren.

Ein Wagenlenker überbrachte Botschaften.

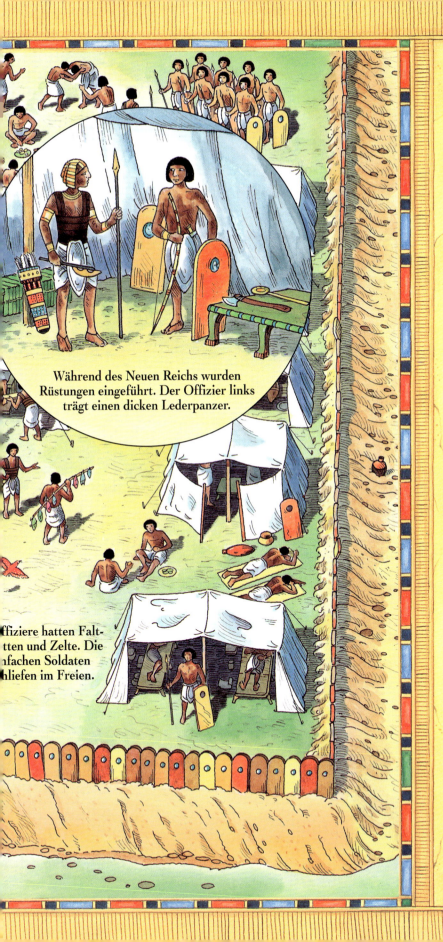

Während des Neuen Reichs wurden Rüstungen eingeführt. Der Offizier links trägt einen dicken Lederpanzer.

ffiziere hatten Falt-
tten und Zelte. Die
nfachen Soldaten
hliefen im Freien.

ENTDECKUNGEN

Auf diesem Bild wird Tutenchamun gezeigt, wie er mit seinem Streitwagen in die Schlacht fuhr. Seine Feinde stürzten unter die Hufe seiner Pferde. Damit er noch heldenhafter wirkt, kämpft er auf dem Bild alleine. In Wirklichkeit lenkte wahrscheinlich ein Soldat den Wagen, während der Pharao mit Pfeilen auf Feinde schoss.

Bogenschützen trugen manchmal einen Fingerschutz aus Knochen. Er bewahrte sie vor Verletzungen, die beim Spannen der Bogensehne eintreten konnten.

Wein wurde in kühlen, schattigen Räumen gelagert. Die Öffnungen der Krüge wurden versiegelt, damit der Wein nicht verdarb.

Auf jeden Krug wurde geschrieben, wo er herkam und wann er gekeltert worden war.

Dem Brotteig wurden häufig Gewürze und Aromen beigemischt.

Das Brot wurde auf den Außenwänden der Öfen gebacken. Wenn es fertig war, klebte es nicht mehr und fiel herunter.

Wenn das Bier trinkfertig war, war es so dick, dass es gefiltert werden musste.

ENTDECKUNGEN

Dieses Wandbild, das vom Grab eines Priesters und Schreibers stammt, zeigt uns, wie die alten Ägypter Wein kelterten. Männer zerstampften die Trauben. Der Saft floss dabei durch ein Rohr an der Seite des Bottichs in ein großes Becken.

Um das Jahr 2040 v. Chr. entstand dieses Gipsmodell eines Dieners, der ein Gericht über dem Feuer kocht. Derartige Modelle waren Grabbeigaben und sollten im Jenseits für den Verstorbenen arbeiten.

31

KLEIDUNG UND SCHMUCK

Männer trugen Schurze aus Leinen. Manche Schurze waren schicker als andere.

Die alten Ägypter legten Wert auf gutes Aussehen. Alle Frauen und Männer trugen Schmuck, gleichgültig, ob sie arm oder reich waren. Der Schmuck der Reichen war aus Gold und Halbedelsteinen, der Schmuck der Armen aus glasiertem Ton. Die meisten Frauen und Männer umrandeten ihre Augen mit Khol, einer besonderen dunkelgrünen oder grauen Farbe. Khol gab den Leuten nicht nur das Gefühl, besser auszusehen, sondern wehrte auch Fliegen von den Augen ab. Wegen der Hitze kleidete man sich so leicht wie möglich, aber auch im alten Ägypten änderte sich die Mode im Lauf der Zeit und die Kleidungsstücke wurden länger und lagen weniger eng am Körper an.

Männer wie Frauen trugen Perlenhalsbänder.

Die meisten Frauen kleideten sich in einfache weiße Leinenkleider.

Manche Frauen und Männer rasierten ihre Köpfe wegen der Hitze und trugen zu festlichen Anlässen Perücken.

Die Ägypter trugen nicht immer Sandalen, sondern gingen sehr gerne barfuß.

Mit der Zeit wurden die Schurze länger. Die Kleidungsstücke wurden aus größeren Stoffmengen hergestellt.

32

Frauen färbten ihre Lippen und Wangen mit roter Erde, dem Ocker.

Schminkkästen konnten die Form von Vögeln haben.

Reiche Frauen bewahrten Spiegel, Kamm, Pinzette und Schminktöpfchen in besonderen Kästen auf.

Damit das Haar voller wirkte, wurde es für besondere Anlässe mit Polstern unterlegt.

Jungen wurde das Haar bis auf ein seitliches Schwänzchen geschoren.

Gelegentlich trugen Frauen Umhänge.

Armband
Ringe

Manche Kleider waren bunt eingefärbt und mit Glasperlen besetzt, die im Licht glitzerten.

ENTDECKUNGEN

Dieser hübsche Glasfisch ist eine Flasche, die vermutlich Duftöl enthielt. Die alten Ägypter rieben sich am ganzen Körper mit Öl ein, weil die Hitze die Haut austrocknete.

Prächtige Schmuckstücke dieser Art wurden sicher nur von Königen oder Königinnen getragen. Dieser Halsschmuck gehörte Tutenchamun. Er ist aus Gold und Halbedelsteinen hergestellt und stellt Skarabäen (Käfer) und Kobras dar. Der größte Skarabäus unten hält die Sonnenscheibe hoch.

KINDERALLTAG

Die Geburt eines Kindes war immer Anlass zu großer Freude, doch die Kindersterblichkeit war hoch. Jungen und Mädchen wurden gleichermaßen liebevoll aufgezogen. Die meisten Kinder gingen nicht in die Schule, außer Jungen aus reichen Familien, die jeden Morgen die Schule in einem Tempel in der Nähe aufsuchten. Manche Mädchen lernten zu Hause lesen und schreiben. Kinder wurden ermutigt, sich viel zu bewegen, und hatten viel Spielzeug und Spiele und manchmal sogar Haustiere. Jungen, die eine Schule besucht hatten, konnten Rechtsgelehrte, Schreiber oder Ärzte werden. Alle anderen halfen zu Hause, in der Landwirtschaft oder in der Werkstatt der Eltern mit.

Mädchen hatten Puppen aus Holz und Ton.

An manchen Holztieren waren bewegliche Teile.

Beliebte Haustiere für Kinder waren Hunde, Katzen, Gänse und sogar Affen.

Bälle konnten aus Ton, Pflanzenfasern oder anderen Materialen bestehen.

Kinder trugen oft keine Kleider oder nur Schurze oder ärmellose Tuniken.

Kreisel waren ein beliebtes Spielzeug.

DETEKTIV IM ALTEN ÄGYPTEN

DER SCHATZ DES PHARAOS

TEXT VON PHILIP ARDAGH
ILLUSTRATIONEN VON COLIN KING

EIN RÄTSELKRIMI

arsEdition

DEIN AUFTRAG

DER PHARAO HAT SOEBEN ERFAHREN, DASS EINE PYRAMIDE
AUSGERAUBT WURDE, DAS GRAB EINES GROSSEN KÖNIGS,
DER VOR HUNDERTEN VON JAHREN ÜBER ÄGYPTEN HERRSCHTE.
VOR DREI TAGEN BRACH JEMAND NACHTS IN DAS GRAB EIN.
ANSCHEINEND WUSSTE DER DIEB GENAU, WO ER SUCHEN MUSSTE.
ER – ODER SIE – BETRAT NUR EINE EINZIGE KAMMER, IN DER
DIE WERTVOLLSTEN SCHÄTZE VERBORGEN WAREN.

DER PHARAO HAT DEN WEITEN WEG VON SEINEM PALAST
ZU DEN PYRAMIDEN VON GIZEH AUF SICH GENOMMEN.
HIER WARTET ER AUF DICH.
DU BIST AUSERWÄHLT WORDEN HERAUSZUFINDEN,
WER DEN SCHATZ GESTOHLEN HAT.

ZU DIESEM BUCH

Zur Unterstützung der Detektivarbeit werden im Verlauf der Geschichte immer wieder Fragen gestellt, die du mithilfe des Sachbuchs über die Ägypter beantworten kannst. Schlage es einfach auf der von der Lupe angegebenen Seite auf.

Als Beispiel: **12** bedeutet, dass du die Antwort auf S. 12 des großen Sachbuchs findest.

Für jede richtige Antwort erhältst du Punkte. Deine Punktezahl erfährst du, wenn du deine Antworten mit den Lösungen auf den Seiten 28 bis 30 vergleichst.

Um den Fall zu lösen, genügt es allerdings nicht, nur die Fragen zu beantworten. Du musst auch im Text und vor allem in den Illustrationen nach Hinweisen suchen.

Am Ende der Geschichte solltest du wissen, wer den Schatz des Pharaos gestohlen hat. Auf der letzten Seite dieses Buchs kannst du dann nachsehen, ob du richtig liegst. Für die Lösung des Falls gibt es 20 Extrapunkte.

Zähle alle deine Punkte zusammen, um herauszufinden, ob du ein guter Detektiv bist; den Punktespiegel findest du auf S. 31.

Viel Glück!

DU ERHÄLTST EINEN AUFTRAG

Du wirst in das Königszelt neben den Pyramiden geführt und verbeugst dich vor dem Pharao und der Königin. »Ich will dich mit der Suche nach dem Schatz beauftragen, der aus der Pyramide meines Vorfahren gestohlen wurde«, sagt der Pharao.

Ein Mann tritt vor. »Großer Pharao, lass mich die Diebe finden«, sagt er. »Ich werde sie der Gerechtigkeit ausliefern, wer auch immer sie sind.«

Die Königin hebt ihre Hand, um Ruhe zu gebieten. »Hab dank, Hori, aber als Befehlshaber der Leibgarde des Pharaos bist du in ganz Ägypten bekannt. Für diese Aufgabe benötigen wir einen Fremden.« Sie nickt dir zu. Hori verbeugt sich höflich vor ihr, aber du siehst in seinen Augen Ärger aufflammen.

»Geht nun«, befiehlt der Pharao. Bald bist du mit dem Pharao und der Königin im Zelt alleine. »Überlege gut, wem du vertraust«, sagt der Pharao und zeigt dir einen Papyrus mit den Bildnissen dreier Menschen. »Dies sind die Verdächtigen.«

MOSI **NODJMET** **KAMOSE**

»Mosi, der einst einer meiner Generäle war ... Nodjmet, die berühmte Sängerin, Tänzerin und Musikerin ... und Kamose, ein Schreiber mit mächtigen Freunden.«

»Präge dir ihre Gesichter ein und nimm dies«, sagt die Königin. Sie gibt dir eine zweite Papyrusrolle. »Das sind einige Stücke des verlorenen Schatzes. Ein Junge namens Maya wird dir helfen. Er ist sehr klug und kennt sich überall aus. Du findest ihn im Wabet der alten Hauptstadt.« Der Pharao klatscht in die Hände und ein Diener führt dich nach draußen.

Was ist ein Wabet?   Wo ist die alte Hauptstadt?

Du betrittst den Wabet und siehst im angrenzenden Raum eine Gruppe von Leuten um einen Tisch herum stehen.

»Du kannst da nicht rein«, ruft jemand.

Du drehst dich um und siehst im Schatten zwischen einigen seltsam geformten Gefäßen einen Jungen am Boden hocken. »Warum nicht?«, fragst du.

»Weil mein Onkel und die anderen gerade eine Mumie einbandagieren. Der oberste Balsamierer wird bald hier sein. Das ist ein ganz besonderer Anlass ... und du bist nicht eingeladen.«

»Ich suche nach Maya«, erklärst du flüsternd.

»Du hast ihn schon gefunden«, grinst der Junge. »Ich bins!«

Du erzählst ihm, wer du bist. »Du warst wirklich beim Pharao?«, fragt er aufgeregt. Du nickst. »Ich muss mich vergewissern, dass du nicht lügst«, sagt er. »Beschreibe seine Krone.« Du überlegst.

Wie hatte die Krone ausgesehen?

Nachdem du Maya die Krone beschrieben hast, wird sein Grinsen noch breiter. »Richtig!«, sagt er. »Lass uns gehen! Ich soll dir zeigen, wo Kamose der Schreiber wohnt. Wir nehmen den Esel meines Onkels.«

Bald reitet ihr auf dem nackten Eselrücken durch die staubigen Gassen der Stadt. An der Ecke einer belebten Straße haltet ihr den Esel an. »Das ist Kamoses Haus«, sagt Maya. »Er erzählt allen, er sei ein Mann des Friedens, aber ich habe erzählen hören, dass er nichts gegen einen schönen Kampf hat.«

Du stellst dich auf Mayas Schultern und spähst durch das erste Fenster. Du siehst eine Frau. Sie müsste Kamoses Frau sein. Sie hält eine Dose in Form einer Ente.

Was könnte das für eine Dose sein? (33)

»Runter!«, flüstert Maya.

»Du wirst mir zu schwer.«

Du schaust durch das zweite Fenster und siehst den Verdächtigen. Er steht an einem Tisch, auf dem ein Stück Papyrus und Schreibgeräte liegen. Was aber ist das Ding an seinem Finger? Es lässt ahnen, dass er sich nicht nur im Schreiben, sondern auch in einer anderen Kunst übt.
In welcher?

Bevor dir klar wird, was passiert, hat Kamose seinen Bogen ergriffen und einen Pfeil eingespannt. Die rasiermesserscharfe Klinge ist durch das Fenster ... auf dich gerichtet! »Spione!«, knurrt Kamose. »Das ist mein Haus. Geht weg!«

»Weg hier! Schnell!«, ruft Maya. Du rennst hinter ihm her zum Esel. Beide springt ihr auf seinen Rücken und der Esel rennt los. Haarscharf fliegt ein Pfeil an euch vorbei, aber bald seid ihr außer Schussweite und in Sicherheit.

Kamose ist unfreundlich, aber das macht ihn noch nicht zu einem Grabräuber. Du beschließt, die anderen Verdächtigen zu überprüfen. »Mosi soll heute auf dem anderen Ufer eine Nilpferdjagd veranstalten«, sagt Maya. »Lass uns eine Fähre nehmen und sehen, was da los ist.«

Ihr reitet zum Nilufer. Du steigst ab und blickst über das Wasser. Viele Boote fahren auf dem Fluss. Du drehst dich nach Maya um, weil du wissen willst, welches die Fähre ist, aber er reitet schon auf dem Esel davon. »Wir haben nicht viel Zeit«, ruft er. »Suche Mosi. Ich werde Nodjmet besuchen.«

Du wirst alleine zur Jagd gehen. Als Verdächtiger sollte Mosi überprüft werden. Zuerst aber musst du über den Fluss. Welches der Boote ist die Fähre? 26

Die Fähre ist so überfüllt, dass es dir wie ein Wunder vorkommt, dass niemand ins Wasser fällt ... bis plötzlich ein Mensch hineinstürzt. Die Passagiere am Bootsrand strecken schnell die Hände aus und ziehen die Person zurück an Bord. Es ist ein Mädchen von etwa zwölf Jahren. Sie sieht sich ängstlich um.

»Ich wurde ins Wasser gestoßen«, behauptet sie, aber die meisten Passagiere lachen nur und drehen sich wieder weg. »Man wollte mich ertränken«, sagt sie.

»Warum würde jemand das tun wollen?«, fragt eine freundliche Frau.

»Weil ich vor drei Tagen nachts bei den Pyramiden etwas gesehen habe«, schluchzt sie. Du horchst auf. Es ist drei Tage her, dass der Schatz aus der Pyramide geraubt wurde.

»Was hast du gesehen?«, fragst du.

Teti, das Mädchen, erzählt dir ihre Geschichte.

»Ich war müde und weit weg von zu Hause und schlief bei einem Felsen ein.

Als ich aufwachte, sah ich die dunklen Umrisse zweier Menschen.

Sie schleppten eine Truhe aus einer Pyramide, an einem schnarchenden Wächter vorbei.«

Du hörst Teti gespannt zu. Sie ist eine wichtige Zeugin.
»Was geschah dann?«, fragst du.

»Sie sahen mich. Aber ich konnte fliehen«, antwortet sie.

»Sie trugen Umhänge und ich glaube, dass sie Waffen hatten. Ihre Gesichter konnte ich nicht sehen, aber das wissen sie nicht.«

»Kannst du dich noch an irgendetwas anderes erinnern?«, fragst du.

»Einer der beiden ließ das hier fallen«, sagt sie und holt etwas zwischen den Falten ihres nassen Kleids hervor. Weißt du, was es ist? 35

DIE JAGD GEHT WEITER

Am Ufer verabredest du dich mit Teti für später und ihr verabschiedet euch. Die Nilpferdjäger sind leicht zu finden: Sie stehen mit ihren Speeren im Wasser. Ein wütendes Nilpferd reißt sein Maul auf und zeigt die riesigen Zähne.

Du kommst genau zur richtigen Zeit. Mosi, der ehemalige General, ist gerade in seinem Wagen gekommen und watet nun hinaus zu einem Floß. An seinen Beinen sind schlimme Schnitte.

»Woher hat er die?«, fragst du den Mann, der auf die Pferde aufpasst.

»Er hat vor fünf Tagen in Uhrt gekämpft. Trotz seiner Wunden ist er die ganze Strecke bis hierher auf seinem Wagen gefahren«, erzählt der Mann stolz. »Die Leute standen an den Straßen, um ihm zuzujubeln. Mosi ist sehr tapfer und ein großartiger Soldat!«

Unter den Jägern erkennst du ein bekanntes Gesicht. Es ist Nodjmet, die zweite Verdächtige. Was tut sie hier?

Sie bahnt sich einen Weg durch die Zuschauermenge. »Wo ist mein Diener?«, fragt sie einen kahlköpfigen Mann.

»Drüben, bei dem Shaduf«, antwortet er.

»Pass auf, dass mir keiner folgt«, befiehlt sie ihm. Wenn du hören willst, was sie mit ihrem Diener bespricht, musst du vor ihr bei ihm sein. Welcher der drei ist ihr Diener?

Du erreichst den Shaduf vor Nodjmet und versteckst dich in der Nähe.

»Gibt es Neuigkeiten?«, fragt sie.

»Keine guten, Herrin«, klagt ihr Diener. »Hori muss sofort mit Euch sprechen. Er wartet am üblichen Ort.« Als sie zu ihrem Wagen zurückeilt bemerkst du, dass sie etwas bei sich hat.

Was ist es?

13

Der Nilpferdschrei klingt dir noch in den Ohren, als du auf Mosis Wagen steigst. Die Staubwolke, die Nodjmets Wagen in seiner rasenden Fahrt aufwirbelt, nähert sich der Stadt. Du treibst das Pferd an und schon beginnt die

Verfolgungsjagd. Vielleicht führt Nodjmet dich zu dem geraubten Schatz. Dein Pferd kann gerade noch dem erschrockenen Mosi ausweichen, der mit einem seiner Männer spricht.

In dem kurzen Augenblick, in dem du an ihnen vorbeikamst, konntest du über dem Donnern der Hufe auf dem harten Boden die Worte »... muss mit dem Taiti sprechen ...« hören. Der Taiti. Wer ist der Taiti? 14

Du darfst Nodjmet und ihren dahinrasenden Wagen nicht aus den Augen lassen. Was ist mit Maya passiert? Eigentlich hätte er ihr folgen sollen.

Du hast den Stadtrand erreicht und siehst, dass sie ihren ramponierten Wagen und die keuchenden Pferde am Straßenrand stehen gelassen hat. Du springst schnell von deinem Wagen und versuchst, ihr durch die Menge zu folgen, ohne aufzufallen.

Dann verlierst du sie aus den Augen. Ausgerechnet jetzt! Du willst die Suche nach ihr schon aufgeben, da hörst du, wie ein Passant zu einem anderen sagt: »War das nicht Nodjmet, die berühmte Tänzerin, die da gerade die Sphinxallee entlangging?« Was ist eine Sphinxallee und wohin führt sie? **20**

Du stürzt zum Tempel; dann verlangsamst du deine Schritte, um nicht aufzufallen. Im Tempel ist es dunkel und kühl. Du siehst Nodjmet gerade noch hinter einer Säule verschwinden.

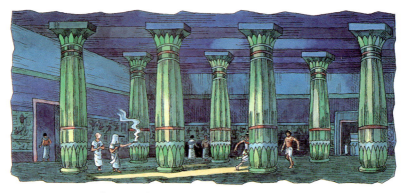

Ein Mann geht zu ihr. Es ist Hori, der Befehlshaber der Palastwache. »Ich habe diesen neugierigen Maya in das Gefängnis der Medjai gesperrt. Dort sucht ihn niemand!«, flüstert er. »Jetzt müssen wir zum Landhaus in Barub.«

»Gute Arbeit, Hori«, sagt Nodjmet.

Du musst Maya sofort befreien. Aber wo ist das Gefängnis?

25

16

Nach einigem Suchen entdeckst du Maya hinter einem vergitterten Fenster ... und wirst von Nodjmet gepackt und ebenfalls in das Gefängnis geworfen. Maya freut sich, dich zu sehen. »Mein Onkel hat mir mal erzählt, dass es hier einen geheimen Ausgang gibt«, verrät er dir.

»Wo ist er?«, willst du wissen.

»Suche das Bild von Sobek«, sagt er. »Drücke darauf, und die verborgene Tür öffnet sich. Wenn du aber auf das falsche Bild drückst, kommen wir hier niemals raus und sind Nodjmet hilflos ausgeliefert. Leider habe ich vergessen, wer oder was Sobek ist.«

Welches ist das richtige Bild?

Endlich seid ihr wieder frei! Du erinnerst dich daran, dass Hori und Nodjmet zu einem Landhaus in Barub wollten. Auf Mayas Esel reitet ihr dorthin. Maya steigt nicht ab. »Finde heraus, was Nodjmet und Hori dort tun«, sagt er. »Ich versuche, mehr über Mosi und Kamose zu erfahren ... Viel Glück!« Er reitet davon.

Du kommst zu einer großen zentralen Halle. Im kühlen Schatten mächtiger Säulen stehen und gehen Gruppen reich gekleideter Männer und Frauen, unterhalten sich und lachen. Es ist ein Fest!

Plötzlich ist ein lauter Krach zu hören. »Halt!«, bellt eine Stimme, die du nur zu gut kennst. Es ist Hori. »Bringt diesen ungeladenen Gast hier raus, damit wir ihn verhören können«, befiehlt er.

Ein Riese von einem Wächter packt dich grob. Dabei steckt er dir einen Zettel zu.

Was bedeuten die Zeichen?

19

VORSICHT, FEINDE!

Wenn du der Nachricht Glauben schenken kannst, ist dieser Wächter ein Freund ... aber Hori ist dicht hinter euch. Du wirst in den Garten gebracht. »Versteck dich im nächsten Getreidespeicher«, flüstert der Wächter. »Ich veranlasse, dass der Mann, der die Tränen des Re hütet, dir weiterhilft.« Wo sind die Getreidespeicher? 23

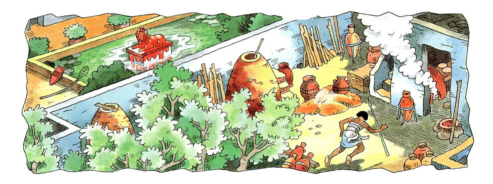

Du erblickst einen Speicher, und im gleichen Augenblick »stolpert« der freundliche Wächter und lässt dich los. Du läufst weg und versteckst dich. Mit angehaltenem Atem hörst du Hori im Garten nach dir suchen. Es kommt dir vor, als würde es eine Ewigkeit dauern, bis wieder alles ruhig ist.

Nun kriechst du wieder aus dem Getreide heraus und schleichst durch den Garten. Hori ist nirgends zu sehen. Aber was machst du jetzt? Du siehst dich nach dem Mann um, »der die Tränen des Re hütet« und der dir helfen soll.

Welcher Mann ist es?

Du erkennst ihn, als er dich bemerkt. »Hori lässt jeden Ausgang bewachen«, sagt er. »Aber ich kenne einen geheimen Weg nach draußen.« Du folgst ihm.

»Sei vorsichtig«, mahnt er. »Hori würde alles tun, um sich des Schatzes zu bemächtigen.«

Du dankst dem Mann und schlüpfst durch ein Loch in der Mauer aus dem Garten. »Psst«, zischt jemand leise. Es ist Maya. Er hat sich hinter einem Baum versteckt.

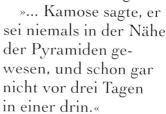

Auf Zehenspitzen entfernt ihr euch in der Abenddämmerung von dem Landhaus.

»Ich habe Neuigkeiten«, sagt er.
»Ich war dabei, als ein Soldat des Pharaos Kamose befragte ...«

»... Kamose sagte, er sei niemals in der Nähe der Pyramiden gewesen, und schon gar nicht vor drei Tagen in einer drin.«

»Und wo, sagte er, sei er gewesen, als die Pyramide geplündert wurde?«, fragst du.

»Er behauptet, er hätte auf seinem Dach geschlafen«, sagt Maya.

Es wird spät. »Wir sollten am Morgen den Schauplatz des Verbrechens aufsuchen«, schlägst du vor. Genau das tut ihr auch. Bei Tagesanbruch brichst du mit Maya und dem Esel auf. »Ich bin nicht mehr so viel geritten, seit ich letztes Jahr in Uhrt war«, meint Maya. »Von hier aus ist das ein Dreitagesritt auf einem schnellen Pferd, aber dieses alte Mädchen brauchte dafür sechs Tage.« Er tätschelt das Tier.

Jetzt, da kein Schatz mehr darin ist, bleibt die Pyramide unbewacht. Du gehst durch einen Gang, durch den der Dieb eingedrungen sein muss. Maya entzündet eine Fackel und leuchtet dir. Ihr geht in die Kammer, in der der Schatz war.

Du hörst hinter dir ein Geräusch und drehst dich um. Hori tritt mit gezücktem Schwert aus dem Schatten. »Wo ist der Schatz?«, will er wissen. »Sagt es mir, oder ich schicke euch in das Reich des Westens!« Er lacht. Was meint er damit? (18)

Nicht so schnell«, ertönt eine andere Stimme. Es ist Mosi. Er schlägt Hori das Schwert aus der Hand. »Ich bin vielleicht kein Freund des Pharaos mehr, aber nur ein Feigling greift unbewaffnete Gegner an«, knurrt er. »Verschwinde!« Hori braucht keine zweite Aufforderung. Er läuft durch den Gang nach draußen. Inzwischen siehst du dich in der Kammer um, wagst aber nicht umherzugehen. »Ist das deine Sandale?«, fragt Mosi und zeigt darauf.

»Uns gehört sie nicht«, sagt Maya kopfschüttelnd.

»Hm«, überlegt Mosi laut, »was macht sie dann hier?«

»Das wollten wir Euch auch gerade fragen«, entgegnet Maya.

Mosi lacht. »Du bist sehr mutig. Ihr könnt es ruhig wissen: Ich dachte, der Pharao würde mir meine alte Stellung zurückgeben, wenn ich den Schatz fände. Er sollte das über Hori gleich wissen. Ich werde es dem Taiti sagen.« Natürlich weißt du nicht, ob du Mosi trauen kannst oder nicht. Du willst es aber lieber nicht in der Pyramide herausfinden und verlässt sie schnell. Auf dem Ritt in die Stadt seht ihr Kamose und seine Frau. Sie helfen einem reich gekleideten Mann, seinen Wagen mit Weinkrügen zu beladen.

Kamose, der dich erkannt hat, sagt laut: »Ich hoffe, der Wein schmeckt Euch. Er ist gut und seinen Preis wert.« Doch mit den Krügen scheint irgendetwas nicht zu stimmen. Was stimmt nicht?

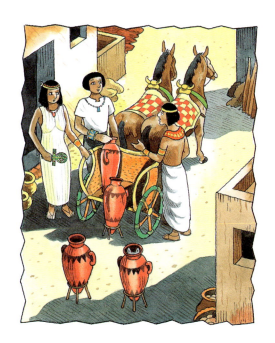

Wieder trittst du vor den Pharao und die Königin. Du hast Maya mitgebracht und Teti, das Mädchen von der Fähre. Dieses Mal ist Hori nicht mit dabei. Er wurde wegen seines Ungehorsams gegenüber dem Pharao verbannt und muss froh sein, mit dem Leben davongekommen zu sein. Du freust dich zu sehen, dass seine Stelle nun der Wächter hat, der dir half, aus dem Landhaus zu entkommen.

Der Pharao klatscht in die Hände.

Die drei Verdächtigen werden hereingebracht. Der Pharao wendet sich ihnen zu. »Ihr seid hier, um zu den Anschuldigungen Stellung zu nehmen, die Maya und mein Ermittler gegen euch vorgebracht haben. Einer von euch stahl den Schatz aus der Pyramide und ich hörte auch etwas von einer Entführung und von Freiheitsberaubung im Tempel.«

»O mächtiger Pharao, du wirst doch nicht Maya mehr Glauben schenken als mir?«, schluchzt Nodjmet. »Ich bin eine berühmte Sängerin, Musikerin und Tänzerin. Und wer ist das kleine Mädchen? Was macht sie hier?«

»Sie ist das Mädchen, das sich bei den Pyramiden herumtrieb«, sagt Kamose. »Du wirst doch hoffentlich nicht auf sie hören, großer Pharao?«

Mosi deutet auf dich und Maya. »So nett die beiden auch sind, mächtiger Pharao, so könnt Ihr doch nicht erwarten, dass sie wissen, wo der Schatz ist. Sie sind keine ausgebildeten Ermittler oder Soldaten.«

»Ich weiß aber trotzdem, wer der Dieb ist«, sagst du stolz. »Ich habe über alle Hinweise nachgedacht und kenne nun die Antwort.« Wer plünderte die Pyramide?

Vergleiche deine Antwort mit der Auflösung auf Seite 32.

ANTWORTEN UND PUNKTEZAHL

Bei jeder Antwort steht die Punktezahl, die du dir zurechnen kannst, wenn du die richtige Antwort herausgefunden hast (aber nicht schummeln!). Wenn du erraten hast, wer der Grabräuber war, gibt es Extrapunkte.

SEITEN 4/5
- In einem Wabet werden Leichen mumifiziert.   4 Punkte
- Die alte Hauptstadt Ägyptens war Memphis.   4 Punkte

SEITEN 6/7
- Der Pharao trug eine rote und weiße Krone. Sie wird die Doppelkrone von Ober- und Unterägypten genannt.   6 Punkte
- Die Dose in Entenform enthält Schminke.   4 Punkte

SEITEN 8/9
- Die Röhre auf Kamoses Finger ist ein Fingerschutz, wie ihn Bogenschützen tragen. Kamose hat im Haus Bogenschießen geübt.   6 Punkte
- Die Fähre ist das voll besetzte Boot, das von einem Ufer zum anderen fährt und nicht flussab- oder aufwärts.   3 Punkte

SEITEN 12/13
- Der Shaduf ist eine Stange, an deren Ende ein Eimer hängt. Also ist der Mann davor Nodjmets Diener.   6 Punkte

- Nodjmet trägt einen Wurfstock. Sie brachte ihn vermutlich für die Vogeljagd mit.   3 Punkte

SEITEN 14/15
- Der Taiti ist der oberste Minister des Pharaos.   3 Punkte

- Die Sphinxallee ist der von Sphinxstatuen eingerahmte Weg, der zu einem Tempel führt.   4 Punkte

SEITEN 16/17
- Hori sagt, dass er Maya in das Gefängnis der Medjai steckte. Die Medjai – eine Art Polizei – benutzten oft die Lagerräume der Tempel als Gefängnisse. Dort muss Maya sein.   6 Punkte

- Sobek ist der Gott mit dem Krokodilkopf.   6 Punkte

SEITEN 18/19
- Die Botschaft lautet: Freund. Laufen. Garten. Der Wächter ist ein Freund und wird dich im Garten entkommen lassen.   5 Punkte

SEITEN 20/21
- Die kegelförmigen Gebilde sind Getreidespeicher. Sie bieten ein sicheres Versteck.   4 Punkte

- Die »Tränen des Re« sind Bienen; gemeint ist der Imker.   5 Punkte

SEITEN 22/23
- Das »Reich des Westens« ist das Jenseits. Hori will euch töten!   4 Punkte

SEITEN 24/25

• Die Krüge sind nicht versiegelt. Wäre Wein drin, so hätte man sie verschlossen.
                                                                                   5 Punkte

---

WICHTIGE MITTEILUNG FÜR DETEKTIVE

Zähle deine Punktezahl zusammen, bevor du zur Auflösung auf S. 32 vorblätterst.

Gib dir 10 zusätzliche Punkte, wenn du auf die richtige Person getippt hast.

Mit 20 zusätzlichen Punkten wird belohnt, wer den Grabräuber anhand der Hinweise entlarvt hat.

**WO ABER IST DER SCHATZ VERBORGEN?
DER DIEB VERSTECKTE IHN AN VIELEN VERSCHIEDENEN STELLEN.
MANCHE STÜCKE SIND SOGAR GETARNT. WENN DU DAS BUCH NOCH
EINMAL GRÜNDLICH DURCHSIEHST, KANNST DU DIE STÜCKE FINDEN,
DIE AUF DEM PAPYRUS DER KÖNIGIN (S. 5) GEZEIGT WERDEN.**

 **AUSWERTUNG**

ZWISCHEN 90 UND 100 PUNKTEN
Wahnsinn! Du bist wirklich der beste aller Detektive. Du hast nicht nur alle Hinweise erkannt, sondern aus ihnen auch die richtigen Schlüsse gezogen. Gute Arbeit!

ZWISCHEN 75 UND 89 PUNKTEN
Ausgezeichnet! Du hast das Zeug zum Detektiv. Du hast es verstanden, die richtigen Spuren zu verfolgen.

ZWISCHEN 60 UND 74 PUNKTEN
Nicht schlecht! Du musst zwar noch einiges lernen, aber du weißt schon, wie man einen vertrackten Fall wie diesen anzugehen hat.

ZWISCHEN 50 UND 59 PUNKTEN
Gut, das war nicht gerade herausragend, aber du bist immerhin schon auf dem richtigen Weg. Weiter üben!

WENIGER ALS 50 PUNKTE
Na ja! Aber es ist noch kein Meister vom Himmel gefallen. Wie wärs mit dem Besuch einer geeigneten Detektivschule?

DIE AUFLÖSUNG

Mosi kann nicht der Dieb sein. Du weißt, dass die Pyramide vor drei Tagen ausgeraubt wurde (S. 2 und 10), und erfährst, dass Mosi vor fünf Tagen in Uhrt kämpfte und auf seinem Wagen zurückfuhr (S. 12). Maya erzählt dir, dass Uhrt einen Dreitagesritt auf einem schnellen Pferd entfernt ist (S. 23). Mosi hätte frühestens zurück sein können, nachdem der Schatz geraubt worden war.

Teti, das Mädchen von der Fähre, sah, dass einer der Grabräuber ein Musikinstrument fallen ließ. Nodjmet singt, tanzt und spielt Musik. Sie entführte mit Horis Hilfe den »neugierigen« Maya. Nodjmet und Hori arbeiteten zusammen, aber aus den Fragen, die er dir in der Pyramide stellte, geht hervor, dass er nicht weiß, wo der Schatz ist (S. 23).

Kamose behauptete, niemals auch nur in der Nähe der Pyramiden gewesen zu sein (S. 22). Trotzdem erkannte er Teti wieder (S. 27). Die linke Sandale in der Pyramide (S. 24) passt zu der rechten Sandale in seinem Zimmer (S. 8). Er muss es eilig gehabt haben! Kamose und seine Frau sind die Grabräuber. Sie waren die in Umhänge gekleideten Personen, die Teti sah. Sie ließen die Zimbel fallen (S. 11), um den Verdacht auf die Musikerin Nodjmet zu lenken. Die dazugehörige zweite Zimbel liegt auf dem Tisch in Kamoses Haus (S. 7). Sie packten den Schatz in Weinkrüge und verkauften ihn an einen reichen Kaufmann (S. 25), den sie zuvor im Landhaus in Barub getroffen hatten. Aus einem Krug lugt eine Statue aus dem Schatz hervor.

Viele Kinder erlernten den Beruf des Vaters, halfen in der Nachbarschaft aus oder gingen bei Handwerkern in die Lehre.

Jungen, die eine Schule besucht hatten, konnten Schreiber, Priester, Ärzte oder Beamte werden.

Söhne reicher Familien besuchten Schulen.

Flöte

Zimbeln

Fünfsaitige Harfe

Mädchen konnten Priesterinnen, Tänzerinnen, Musikerinnen oder sogar Schreiber werden.

ENTDECKUNGEN

Wenn man an der Schnur vorne am Kopf dieser Katze zieht, schließt sie ihr Maul. Ein bisschen gruslig, vor allem, als sie noch alle ihre Zähne hatte!

Dieses Holzpferd ist ungefähr 2000 Jahre alt. Durch das Loch im Kopf wurde die Schnur gefädelt, an der man es hinter sich herzog. Dann folgte es auf seinen Rädern ...

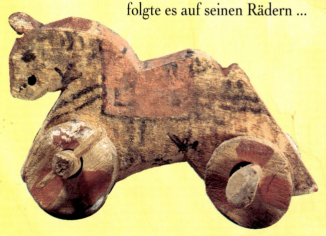

35

HIEROGLYPHEN

Die Kultur der alten Ägypter war eine der ersten, die eine Schrift besaßen – wenn auch nicht alle Leute schreiben konnten. An sich war das Schreiben Aufgabe der Gebildeten und besonders der Schreiber. Jeder Schreiber musste etwa zwölf Jahre lang lernen, um all die verschiedenen Zeichen und Bildsymbole zu erlernen, die Hieroglyphen, von denen es mehr als 750 verschiedene gab! Manche Symbole standen auch für Buchstaben des Alphabets, andere für Zahlen. Dann gab es besondere Symbole, die man Determinative nennt. Es sind Bildsymbole, die für ein ganzes Wort stehen, wie z. B. »Feind« oder »Dorf«. Die Sätze bestanden aus einer Mischung von Zeichen und Symbolen. Sie konnten von links nach rechts, rechts nach links oder von oben nach unten geschrieben werden.

Diese Symbole standen für Zahlen:

So setzten sich die anderen Zahlen zusammen:

Schreiber waren im alten Ägypten sehr wichtige Leute; sie zeichneten so gut wie alles auf.
Diese Hieroglyphen bedeuten:
»Sei von ganzem Herzen ein Schreiber. Du rufst einen, und tausend antworten dir.«

Dieser Satz beginnt rechts. Man erkennt es daran, dass alle Figuren in diese Richtung schauen.

Die Namen von Königen und Königinnen wurden in besonderen Gruppen von Hieroglyphen geschrieben, die man Kartuschen nennt.

Hier einige Hieroglyphen und die Laute, denen sie entsprachen; Selbstlaute (Vokale) wurden nicht geschrieben.

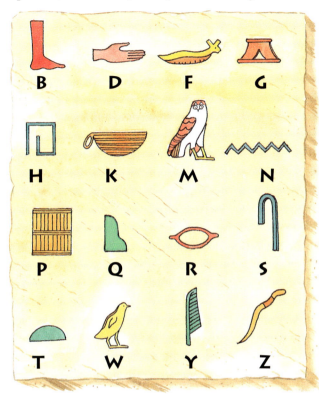

Hier einige Beispiele von Determinativen – einzelnen Hieroglyphen, die für ganze Wörter stehen:

ENTDECKUNGEN

Diese Granitskulptur stellt einen Schreiber in der traditionellen Haltung im Schneidersitz dar, der eine Papyrusrolle im Schoß liegen hat. Er hält die Rolle mit der linken Hand. In der rechten befand sich vermutlich der Pinsel, der verloren gegangen ist.

Der 1799 entdeckte Stein von Rosette ist einer der bedeutendsten Funde in der Geschichte der Ägyptologie. Er trägt Inschriften des gleichen Texts in drei verschiedenen Schriften: darunter sowohl ägyptische Hieroglyphen als auch Altgriechisch. Indem Wissenschaftler die ägyptischen Entsprechungen für altgriechische Wörter fanden und die Inschriften und Kartuschen an Gebäuden studierten, konnten sie die Hieroglyphen entschlüsseln.

ENTDECKUNGEN

So sieht die Sphinx von Gizeh heute aus. Ihre Nase überdauerte Jahrtausende – und wurde von einer Kanonenkugel abgeschossen, die von Napoleons Soldaten Ende des 18. Jh. abgefeuert worden war.

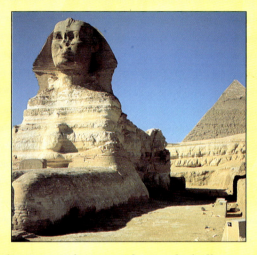

Tutenchamuns Schatz wurde nur deshalb von Grabräubern des 19. Jh. nicht geplündert, weil der Eingang zu seinem Grab im Tal der Könige unter der Erde verborgen lag.

DIE VERGANGENHEIT ENTDECKEN

Archäologen sind Wissenschaftler, die die Vergangenheit erforschen; häufig müssen sie die Hinterlassenschaften alter Kulturen zuerst ausgraben. Früher waren viele selbst ernannte Archäologen nicht viel mehr als Schatzsucher, die für sich und für ihr Land Reichtum und Ruhm erlangen wollten. Gegenstände und Gebäude wurden auf diese Weise geplündert, abgebaut und in das Land ihrer Entdecker geschafft. Moderne Archäologen dagegen sind Geschichtsdetektive. Sie setzen aus Einzelheiten ein Bild der Lebenswelt der Vergangenheit zusammen. Als Hinweise dienen ihnen u.a. Scherben und Bruchstücke, Schmuck, Wandgemälde, Statuen und Gebäude.

HANDWERKSZEUG

Ebenso wie die modernen Polizeidetektive verfügen auch Archäologen heute über Hilfsmittel, die ihnen ihre Ermittlungen erleichtern. Wenn sie z.B. mit Geräten messen, wie viel Kohlenstoff ein Gegenstand aus Holz enthält, können sie errechnen, wie alt er ist. Diese sehr nützliche Methode der Datierung nennt man Radiokarbonmethode.

DAS RÄTSEL DER SPHINX

Eines der Monumente, das die Forscher vor die größten Rätsel stellte, ist die riesige, mehr als 4500 Jahre alte Sphinx in Gizeh. Sie hat einen Löwenkörper und einen menschlichen Kopf. Jahrhundertelang glaubte man, sie sei innen hohl und es gebe einen geheimen Zugang. Inzwischen sind die meisten Archäologen der Ansicht, dass sie aus massivem Fels ist.

ABU SIMBEL

Archäologen haben auch viel für den Schutz der alten Bauwerke und Gegenstände getan, mit denen sie sich beschäftigen. Ein historisches Beispiel dafür ist die Umsiedlung von zwanzig altägyptischen Monumenten im Jahre 1956, als die ägyptische Regierung beschlossen hatte, für die Anlage eines Wasserspeichers den Assuanstaudamm zu bauen, durch den ein großer Teil Ägyptens überschwemmt werden würde. Archäologen aus aller Welt beteiligten sich an den Rettungsmaßnahmen.

IN EINER BLASE

Das größte Problem war die Rettung der Tempel von Abu Simbel, die nicht aus einzelnen Steinblöcken erbaut, sondern in den Felsen gehauen waren.
Es wurde vorgeschlagen, die beiden Tempel mit einer durchsichtigen Kuppel vor dem Wasser zu schützen, sodass sie in einer riesigen Luftblase stehen würden. Auf diese Weise aber könnten nur Taucher sie besichtigen. Der Plan wurde verworfen, denn er war zu kostspielig und hätte zur Folge gehabt, dass die meisten Menschen diese wichtigen altägyptischen Baudenkmäler niemals hätten besuchen können.

EINEN BERG ABTRAGEN

Schließlich wurde jede Skulptur in Stücken aus den Felsbergen von Abu Simbel geschnitten und dann vor zwei künstlich aufgeschütteten Bergen wieder aufgebaut. Diese »Berge« wurden so geformt, dass sie der früheren Umgebung der Tempel ähnelten. Die Operation verlief erfolgreich. Heute sehen die Tempel aus, als würden sie sich schon seit Tausenden von Jahren an Ort und Stelle befinden.

ENTDECKUNGEN

Dieses riesige Gesicht gehört zu einem der Kolosse (enorm großen Statuen) des Großen Tempels von Abu Simbel. Die Tempel wurden vorsichtig in Stücke geschnitten, mit Kränen gehoben und an ihrem neuen Standort zusammengesetzt – dort, wo das vom Assuandamm zurückgehaltene Wasser ihnen nichts anhaben konnte.

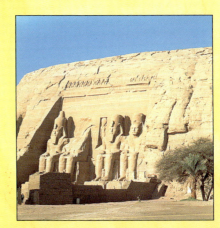

Der Große Tempel von Abu Simbel an seinem neuen Standort. Jeder der zu Ehren von Ramses II. in Fels gehauenen Kolosse ist über 20 m hoch und hat ein 4 m breites Gesicht.

39

DAS GRAB TUTENCHAMUNS

Tutenchamun
Mit 9 Jahren zum König gekrönt und verheiratet.
Mit 16 oder 17 Jahren gestorben.
Herrschte vor über 3000 Jahren über Ägypten.
1323 v. Chr. im Tal der Könige bestattet.

Lord Carnarvon
George Edward Stanhope Molyneux Herbert
5. Earl von Carnarvon
Geboren 1866, gestorben 1923
Finanzierte Ausgrabungen, die zur Entdeckung des Grabs führten.

Howard Carter
Geboren 1874, gestorben 1939
Englischer Archäologe
Leitete die Gruppe, die das Grab Tutenchamuns mit seinen sagenhaften Goldschätzen fand.

DER HINTERGRUND

Lord Carnarvon verbrachte die Winter aus gesundheitlichen Gründen in Ägypten. In Kairo traf er den bekannten Archäologen Howard Carter. Aus Interesse für das alte Ägypten überredete Carter 1912 Lord Carnarvon, im Tal der Könige zu graben. Hier lagen die Gräber der Pharaonen des Neuen Reichs. Die meisten davon waren schon von Grabräubern geplündert worden.

Das Tal der Könige

DER FUND

Als zehn Jahre später, am 4. November 1922, ortsansässige Arbeiter dort für Carter gruben, entdeckten sie 16 Steinstufen, die zum verschlossenen Eingang zum Grab des Tutenchamun führten. Carter schickte Lord Carnarvon ein Telegramm:

ENDLICH WUNDERBARE ENTDECKUNG IM TAL GEMACHT; HERRLICHES GRAB MIT INTAKTEN SIEGELN; WIEDER ZUGESCHAUFELT, UM AUF IHRE ANKUNFT ZU WARTEN; GLÜCKWÜNSCHE.

Bei Lord Carnarvons Ankunft wurde die erste Tür geöffnet. Ein Korridor voller Geröll wurde geräumt. An dessen Ende war eine versiegelte Tür, auf der Tutenchamuns Name stand. Carter nahm einige Steine aus diesem Eingang, hielt eine Kerze in das Loch und schaute in das Grab. Carter schrieb:

Es dauerte, bevor ich etwas erkennen konnte; die heiße Luft entwich und brachte die Kerze zum Flackern. Als sich die Augen aber an das unruhige Licht gewöhnt hatten, wurde allmählich das Innere der Kammer sichtbar mit seinem Inhalt außergewöhnlicher und schöner Dinge, die übereinander gehäuft dalagen ... Als mich Lord Carnarvon fragte: »Können Sie etwas erkennen?«, antwortete ich: »Ja, es ist wunderbar.«

Tutenchamuns Maske aus massivem Gold

DIE SCHÄTZE

Tutenchamuns Mumie trug eine Totenmaske aus massivem Gold und lag in einem Sarkophag, der ebenfalls aus massivem Gold war. Die bedeutendste Fundstätte Ägyptens war randvoll mit Gegenständen, von Bootsmodellen über Betten bis hin zu wertvollem Schmuck, Wagen und einem Thron aus gehämmertem Gold. Der jung verstorbene Tutenchamun war kein bedeutender Pharao gewesen. Seine Regierungszeit war kurz und die meiste Macht hatten seine Berater gehabt. Als er bestattet wurde, konnte niemand ahnen, dass er so berühmt werden würde.

ÄGYPTISCHER SCHATZ GEFUNDEN

GEWALTIGER FUND IN ÄGYPTEN
—
ALADINS HÖHLE

DER FLUCH

Manche behaupten, dass alle, die das Grab betraten, ein Fluch traf. Tatsächlich gab es erstaunliche Zufälle ...

FLUCH DES OSIRIS
Aberglauben um Lord Carnarvons Tod

Sechs der 16 Männer, die bei der Graböffnung anwesend waren, starben innerhalb von zehn Jahren, darunter Lord Carnarvon. Im Augenblick seines Todes sollen in Kairo alle Lichter ausgegangen sein, und sein Hund in England heulte auf und fiel tot zu Boden.

Carters zahmer Vogel wurde am Tag der Graböffnung von einer Kobra gefressen. Eine Kobra ziert die Totenmaske des Pharaos.

Ein Experte, der anreiste, um die Knochen von Tutenchamuns Mumie zu röntgen, starb auf seinem Weg zur Fundstelle.

Den meisten Leuten, die am Grab arbeiteten – zu ihnen gehörte auch Carter – passierte jedoch nichts. Wahrscheinlich ist der Fluch nichts anderes als eine gute Gruselgeschichte.

Dieser Skarabäus ist eines der zahlreichen kostbaren Fundstücke aus dem Grab.

ZEITTAFEL

• EROBERUNG UND HERRSCHAFT DER HYKSOS
• HYKSOS FÜHREN NEUE WAFFEN UND PFERDEWAGEN EIN.

UM 3100 V. CHR. | UM 2649 V. CHR. | UM 2150 V. CHR. | UM 2040 V. CHR. | UM 1640 V. CHR.

FRÜHZEIT
451 JAHRE

- KÖNIG MENES VEREINT OBER- UND UNTERÄGYPTEN.
- MEMPHIS WIRD HAUPTSTADT.
- BAU DES BEWÄSSERUNGSSYSTEMS WIRD BEGONNEN.

ALTES REICH
499 JAHRE

- BAU DER ERSTEN PYRAMIDE: DER STUFENPYRAMIDE VON SAQQARA.
- CHEOPS LÄSST DIE GROSSE PYRAMIDE VON GIZEH ERRICHTEN.

ERSTE ZWISCHENZEIT 110 JAHRE

MITTLERES REICH
400 JAHRE

- MENTUHOTEP VEREINIGT DAS ALTE ÄGYPTEN.
- DIE HAUPTSTADT WIRD NACH THEBEN VERLEGT.
- ÄRA MÄCHTIGER HERRSCHER.
- DIE ERSTEN SCHULEN SIND BELEGT.

ZWEITE ZWISCHENZEIT, 88 JAHRE
MEMPHIS WIRD WIEDER HAUPTSTADT

• GRÄBER GEPLÜNDERT
• REGIERUNG BRICHT ZUSAMMEN.

Der Stein von Rosette, Schlüssel für den Kode der Hieroglyphen

Die Pyramiden von Gizeh

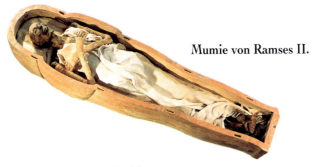

Mumie von Ramses II.

Münze mit dem Porträt Kleopatras

| 1552 V. CHR. | 1069 V. CHR. | 664 V. CHR. | 332 V. CHR. | 305 V. CHR. | 30 V. CHR. |

NEUES REICH
483 JAHRE

- SIEG ÜBER DIE HYKSOS.
- ERNEUTE VERLEGUNG DER HAUPTSTADT NACH THEBEN.
- ÄRA GROSSER PHARAONEN.
- HATSCHEPSUT: EINE FRAU REGIERT ALS PHARAO.
- RAMSES II. HERRSCHT 67 JAHRE LANG.
- TUTENCHAMUN WIRD PHARAO.

DRITTE ZWISCHENZEIT
405 JAHRE

- BESTECHLICHKEIT BREITET SICH AUS.
- EINMAL REGIEREN FÜNF KÖNIGE GLEICHZEITIG.
- EINE ZEIT LANG HERRSCHEN NUBISCHE KÖNIGE.

SPÄTZEIT
312 JAHRE

- PERSER HERRSCHEN ÜBER ÄGYPTEN.
- ÄGYPTER STÜRZEN DIE PERSER UND GRÜNDEN KLEINE DYNASTIEN.
- PERSER ÜBERNEHMEN IN ÄGYPTEN WIEDER DIE MACHT.

MAKEDONISCHE KÖNIGE
27 JAHRE

PTOLEMÄER
275 JAHRE

- ALEXANDERS GENERAL PTOLEMÄUS WIRD KÖNIG.
- 31 V. CHR. ANTONIUS UND KLEOPATRA WERDEN IN DER SCHLACHT VON AKTIUM VON OKTAVIAN GESCHLAGEN.
- ÄGYPTEN WIRD PROVINZ DES RÖMISCHEN REICHS.

- 332 V. CHR. ALEXANDER DER GROSSE BEFREIT ÄGYPTEN VON PERSISCHER HERRSCHAFT.
- ALEXANDER ZUM PHARAO ERNANNT.
- GRÜNDUNG DER STADT ALEXANDRIA.

Tutenchamuns Totenmaske

Alexander der Große

GLOSSAR

Amulette – Glücksbringer, meist in Form von Göttern, Göttinnen oder heiligen Gegenständen.

Ankh – Gegenstand in Form des Symbols des Lebens. Nur Herrscher durften ihn halten – und Götter und Göttinnen auf bildlichen Darstellungen.

Bewässerung – Um auch weiter vom Nil entfernte Felder zu bewässern, schufen die alten Ägypter ein System von Gräben und Kanälen. Mittels Schleusen wurden sie geöffnet und geschlossen, um das Wasser gezielt zu leiten.

Falsche Kammern – Leere Totenkammern in Pyramiden, zur Täuschung von Grabräubern eingebaut.

Grenzsteine – Steine, mit denen die Grenzen zwischen den Feldern der Bauern markiert waren. Sie durften nur von Beamten umgestellt werden.

Hethiter – Volk, das im nördlichen Syrien und in Kleinasien ein großes Reich gegründet hatte.

Kanopen – Behälter, in denen die Därme, Lebern, Lungen und Mägen der Mumien luftdicht aufbewahrt wurden.

Kolosse – Mehrzahl von Koloss: sehr große Statue.

Medjai – Ursprünglich Söldner aus Nubien, später die Polizei des alten Ägyptens.

Mumifizierung – Prozess, bei dem aus Leichen Mumien werden. Das Wort »Mumie« kommt aus dem Persischen und bedeutet »Erdharz«, »Teer«. Die Perser glaubten, Mumien seien mit Teer bestrichen, was aber nicht der Fall war.

Nächste Welt – Anderer Name für das Reich des Westens, das Jenseits, in dem Osiris herrschte.

Natron – Mischung besonderer Salze, mit denen Mumien vor dem Bandagieren getrocknet wurden.

Obelisken – Schmale, hohe und spitz zulaufende Steindenkmäler, zu Ehren des Sonnengottes Re aufgestellt.

Papyrus – Vorläufer unseres Papiers, aus Papyrus hergestellt.

Römer – Von der im 8. Jh. v. Chr. gegründeten Stadt Rom aus entwickelte sich im Laufe der Jahrhunderte ein Staat, der lange der mächtigste der antiken Welt war.

Schreiber – Im Schreiben und Lesen ausgebildete Leute. Ihr Beruf war im alten Ägypten sehr wichtig, deshalb waren sie hoch angesehen und sehr gut bezahlt.

Sphinxe – Statuen mit den Köpfen von Königen oder Widdern und den Körpern von Löwen, zu Ehren des Sonnengottes aufgestellt.

Taiti – Oberster Minister. Mächtigster Staatsdiener nach dem König.

Udjat-Auge – Symbol, das alles in seiner Nähe beschützen sollte und deshalb in Form von Amuletten und Schmuckstücken getragen oder aber aufgemalt wurde.

Wabet – Balsamierungswerkstatt, in der Leichen mumifiziert wurden.

REGISTER

Abu Simbel 9, 39
Akhesenamun 13
Aktium, Schlacht von 11, 43
Alexander der Große 10, 11, 43
Alexandria 9, 11, 43
Ammut (Ungeheuer) 19
Amulette 17, 44
Amun-Re 21
Anbau 26–27
Ankh 13, 44
Antonius, Marcus 11
Anubis 16, 20
Archäologie 11, 38, 40
Architekten 13
Ärzte 28
Assuan 9, 39

Bast (Bastet) 21
Bes 20
Bestattungen 18, 19
Bewässerung 26, 27, 42, 44
Bibliotheken 20
Bier 24, 25, 26, 30, 31
Boote 15, 18, 19, 24, 27
Brot 23, 26, 30, 31

Carnarvon, Lord 40, 41
Carter, Howard 40, 41
Cäsar, Julius 11
Cheops 15, 42

Einbalsamieren (siehe
   Mumifizierung)
Ernten 21

Falsche Kammern 15, 44
Feder der Wahrheit 18, 19
Feuerstein 27
Fingerschutz 29
Fischer 27

Getreidespeicher 23
Gewürze 24

Gizeh 9, 14, 38, 42
Götter und Göttinnen 20–21
   (siehe auch unter den
   einzelnen Namen)
Grenzsteine 26, 44

Handwerker 25, 26, 35
Hatschepsut 12
Heer 28–29
Hethiter 8, 10, 44
Hieroglyphen 36–37, 42
Horus 17, 19
Hunde 17
Hyksos 42, 43

Jagd 27
Jenseits (siehe Nächste Welt)

Kadesch, Schlacht von 10
Kairo 10, 40
Kammern des Königs 15, 40
Kanopen 16, 18, 44
Karnak 9
Kartuschen 36
Katzen 17, 21, 34
Khnum 21
Khol 32
Kinder 20, 34–35
Kleidung 32–33
Kleopatra VII. 11, 43
Küche 23
Koloss 39, 44
Königinnen 8, 11, 12, 15, 19,
   23

Landhäuser 22–23
Landvermesser 26
Leinen 26, 32

Ma'at 21
Markt 24–25
Mazedonien 8, 10
Medjai 25, 44

Memphis 9, 42
Menes, König 8
Mentuhotep 42
Mesopotamien 8
Möbel 19, 23, 25
Mosaike 11
Mumifizierung 10, 16–17, 44
Münzen 11, 43

Nächste Welt (Jenseits) 9, 16,
   18–19, 21
Natron 16, 44
Nil 8, 9, 15, 19, 24, 26–27
Nubien 24

Obelisken 13, 20, 21, 24, 44
Oktavian 11
Osiris 9, 18, 19, 21, 41

Paläste 12
Papyrus 12, 44
Perser 43
Pharaonen 8, 12–13, 15, 18,
   19, 43 (siehe auch unter
   einzelnen Namen)
Priester 12, 16, 18, 20, 26
Ptolemäer 11, 43
Pyramiden 9, 14–15, 17, 42

Ramses II. 10, 39, 43
Re 12, 13, 19, 21
Römisches Reich 8, 11, 43, 44
Rosette, Stein von 37, 42
Rotes Land 9

Sänften 12
Saqqara 42
Särge 16, 17
Sarkophage 19
Schätze 10, 15, 38, 40, 41
Schminke 32, 33
Schmuck 24, 25, 32–33
Schreiben (siehe Hieroglyphen)

Schreiber 12, 26, 31, 35, 36,
   37, 44
Schreine 20, 23, 28
Schulen 20, 34, 35
Schwarzes Land 9
Sekhmet 20
Seth 19
Shaduf 26
Sinai 9
Skarabäen 33, 41
Sobek 20
Soldaten 28, 29
Speisen 30, 31
Sphinxe 9, 20, 38, 44
Spielzeug 34, 35
Ställe 23
Syrien 8, 24

Taiti 14, 44
Tal der Könige 9, 15, 19, 38, 40
Tempel 10, 21, 24
Theben 9, 25, 43
Totenbuch 18
Totenmasken 16
Tutenchamun 9, 10, 13, 29, 33,
   36, 38, 40–41, 43

Überschwemmungen 8, 15, 26
Udjat-Auge 18, 19, 44
Usech-Kragen 25

Wabet 16, 44
Waffen 28, 29
Wagen 19, 23, 28, 29, 42
Wandmalereien 21, 23, 25, 27,
   31
Wein 24, 30, 31
Werkstätten 25

Zahlen 36